DU PRÉSIDENT

DE LA

RÉPUBLIQUE FRANÇAISE,

PAR

Albert de CHANTELAUZE.

PARIS,

CHEZ LES PRINCIPAUX LIBRAIRES.

1848

DU PRÉSIDENT

RÉPUBLIQUE FRANÇAISE.

I.

CONSIDÉRATIONS PRÉLIMINAIRES.

Une tempête a jeté la France dans une carrière nouvelle et sans bornes, un mouvement effrayant de rapidité et de grandeur l'a prise et l'emporte, des dangers plus redoutables que n'en a rencontrés aucune société humaine l'ont assaillie déjà, ils fermentent encore sous ses pas. Elle périra si un bras ne la dirige, et, quoique l'esprit soit embarrassé au milieu de tant de soins et de périls, de choses à changer, à défendre, à fonder, ce qui importe le plus est sans doute d'asseoir et de fixer le pouvoir qui doit la conduire dans ces voies inconnues.

Le pouvoir, en général, a deux modes d'action : tantôt il règle les conditions de la société, les principes d'après lesquels les citoyens doivent agir, tantôt il les leur applique, il est législatif ou exécutif. Quand les deux attributions sont réunies, comme en dehors du pouvoir de donner des règles aux hommes et de celui de les leur appliquer il n'y a rien, la main qui les réunit possède toute la puissance humaine, en d'autres termes, le pouvoir absolu. Il n'importe que ce pouvoir soit exercé par un seul ou par plusieurs ; pour changer de dépositaires, il ne change pas de nature, dans une assemblée ou dans un homme, il n'en est pas moins le pouvoir absolu ou le despotisme.

Les temps seulement varient et les périls ; hier, l'autorité d'un seul l'emportait ; aujourd'hui, c'est une assemblée qui domine ; c'est sous son empire et c'est par ses mains en même temps que la constitution s'élabore, et il est à craindre qu'elle ne s'y donne ce qu'elle a déjà, la toute-puissance. Les assemblées ne sont pourtant ni plus éclairées que les individus, ni plus équitables : qu'on consulte l'histoire, je m'en rapporte à elle. Tout pouvoir tend à absorber ce qui se meut autour de lui, et les assemblées usurpent d'autant plus aisément qu'elles n'ont qu'une responsabilité collective qui embrasse tous leurs membres et n'atteint personne. Le principe de la souveraineté nationale n'est point un obstacle, elles y puisent de la force sans lui rendre de l'obéissance ; l'apparence de l'assentiment des peuples dont elles sont l'organe donne à leurs décisions quelque chose d'irrésistible : elles tyrannisent la nation au nom de la nation même. Un homme n'a que ses passions et elles l'entraînent ; que sera-ce d'une réunion agitée par les passions de sept ou huit cents membres exaltées, enflammées encore par le contact, par l'accord comme par la lutte ? Une assemblée, c'est une multitude, comme toutes les multitudes, composée en grande partie d'esprits médiocres et de caractères débiles, masse flottante, mobile, extrême, faible au lieu d'être modérée, violente au lieu d'être ferme, qui a besoin d'être conduite par les événements ou par un homme, et, lorsqu'elle ne l'est pas, n'a point de force, ou lorsqu'elle l'est, comme en 93, en prend une effrayante. Ou elle n'en recevra jamais, et le gouvernement qu'elle dirige restera faible comme elle : or, la faiblesse constante, c'est l'anarchie. Ou quelque accident lui en viendra donner, et alors l'unité se fera sous la pression des circonstances, les volontés éparses se grouperont autour d'une volonté plus éclairée ou plus puissante, et on arrivera à ce qu'on avait voulu éviter, le gouvernement d'un seul; non le gouvernement d'un seul constitué, assis, et plus ou moins réglé et équitable, mais le gouvernement d'un seul, arbitraire, incertain, et compensant sa faiblesse par sa violence : au lieu de la monarchie, la dictature.

D'ailleurs incompatibilité d'essence : qui dit exécution dit action, qui dit action dit rapidité, vigueur, silence, unité; qui dit législation dit délibération, pluralité, diversité, publicité. Si le pouvoir législatif gouverne, le gouvernement sera donc flottant, divisé et à jour; si l'exécutif fait les lois, il les fera avec hâte, mystère, suppression de toute garantie, esprit exclusif, arbitraire. Des attributions contraires appellent des agents différents; le pouvoir exécutif n'est pas moins dangereux entre les mains du législatif que le pouvoir législatif entre les mains de l'exécutif, et l'histoire, les publicistes, la nature des choses nous crient : les deux pouvoirs doivent être séparés.

Mais où placer le point de démarcation? Ici les difficultés commencent. Peu d'esprits rêvent une assemblée souveraine, beaucoup veulent un pouvoir exécutif, borné, dépendant. Une grande partie des préjugés, des défiances accumulés, répandus contre le pouvoir exécutif, subsiste encore. C'est lui qu'on a renversé dans la personne de la monarchie de juillet, lui qui se personnifie dans les rois, lui qu'on a toujours redouté et combattu, sous le dernier règne, sous la Restauration, sous l'Empire, dans toutes les monarchies de l'Europe ; on le regarde comme l'ennemi naturel de la liberté, on le considère comme une nécessité malheureuse à laquelle il faut sacrifier le moins possible : on se trompe.

On ne voit pas que si le pouvoir exécutif a des dangers sous une monarchie parce que là il est perpétuel, indépendant, supérieur, il en a peu sous une république où il est délégué, dépendant, temporaire. Un roi a pour lui l'autorité de l'histoire, la majesté des siècles, la force des convictions et des habitudes; c'est une tradition, c'est un principe. Un roi, s'il n'est pas absolu, a des ancêtres qui l'ont été, et ce souvenir fait partie de sa puissance; il a toujours entre les mains une portion importante du pouvoir législatif; il représente aux yeux des peuples une institution fondamentale dont toutes les autres, plus ou moins, dérivent et dépendent: c'est un souverain. Un roi c'est un pouvoir irresponsable qui se croit au-dessus des atteintes. Mais c'est surtout un pouvoir éternel qui n'est pas ébranlé par les oscillations de l'opinion publique, qui ne change pas avec les idées du jour, mais, immuable en ses fondements et constant en son action, voit les flots populaires bouillonner à ses pieds, les hommes, les systèmes, les partis naître, combattre, triompher, périr, tourbillonner au-dessous de lui, et peut poursuivre à travers leur succession rapide et leur mobilité impuissante un but invariable et des intérêts fixes. Et en même temps, par cela qu'il est perpétuel, il tient dans une perpétuelle dépendance l'innombrable armée des fonctionnaires, il la force à lever les yeux vers lui au lieu de les tourner vers l'opinion publique, et a en elle un instrument toujours prêt pour ses desseins, quels qu'ils soient, desseins de liberté, de tyrannie, de bassesse ou de gloire. Il s'ensuit que, comme toute puissance tend à s'agrandir, la royauté y tend comme les autres, mais éternellement, parce qu'elle ne meurt pas, mais avec cette multitude d'agents qu'elle nomme et dirige, avec toutes les forces de la société, police, administration, finances, diplomatie, justice, qui sont dans ses mains, avec les populations même qu'elle entraîne par ses traditions et son prestige, et compose une puissance formidable devant laquelle les constitutions et les chartes sont souvent vaines.

Un président de république, au contraire, et j'écarte ici les consuls, les triumvirs, le directoire, je prends l'hypothèse la plus favorable au pouvoir : l'unité, un président n'a point de prestige qui le couvre, point d'ancêtres qui l'entourent, point de traditions qui le soutiennent. Sorti de la foule, il y rentrera; élu de la nation, il n'a que ce qu'elle lui donne, il la représente et n'est rien par lui-même. Pouvoir d'un jour, quoiqu'il ait, comme tous les pouvoirs, l'instinct de l'extension et de la conquête, la durée lui manque pour le développer et le suivre, il n'a pas le temps de jeter racine. Pas de souvenirs d'ailleurs qui l'y poussent, pas d'adhésions qui l'encouragent, pas d'instruments qui puissent le servir. Les citoyens qui sont les égaux de l'homme ne changeront pas volontiers leur chef en maître. Les fonctionnaires qui tremblent devant un pouvoir permanent qui les a créés, et qui peut sans cesse les détruire ne craindront pas de même un pouvoir que la plupart ont vu naître, et auquel la plupart sont sûrs de survivre. L'armée! pour l'entraîner il faut être militaire, et souvent le président ne le sera pas; militaire de grande renommée, et les grandes renommées militaires n'existent plus; pour en produire, il faut de grandes guerres, qui seront désormais plus rares. Si le danger arrive, il n'arrivera que dans l'avenir, après les premières crises de la fondation de la république, et l'anarchie vaincue, l'ordre assuré, la liberté assise; il rencontrera des mœurs déjà formées, des convictions énergiques et anciennes, des intérêts nombreux et résolus, une garde nationale organisée, un peuple tout entier en armes. Le budget, les places! ils seront dépensés et distribués sous les yeux vigilants et sévères d'une presse que rien n'arrête ni n'intimide plus, et d'une assemblée non plus sujette mais souveraine, et d'ailleurs suffisants pour séduire une oligarchie, quelques milliers d'hommes, ils ne le seront point pour corrompre le suffrage universel, une nation. Ainsi, ni supériorité, ni indépendance, ni durée, ni traditions, ni prestige; aucune force propre. Aucun appui, ni dans les citoyens, ni dans les fonctionnaires, ni dans l'armée, ni dans le budget, ni dans les places; aucun soutien extérieur. Rien qu'une puissance déléguée et passagère, réelle dans les limites de son mandat, nulle au delà, et exercée sous la surveillance de l'assemblée législative, de la tribune, des journaux, des clubs, des partis, de la France attentive, et que soixante ans de déceptions ont rendue défiante.

J'en appelle à l'histoire : par qui a péri la liberté dans toutes les républiques? par le pouvoir ou par les factions? que fit Pisistrate pour établir la tyrannie à Athènes? Il créa un parti. Philippe, pour asservir la Grèce? Il solda les partis. Marius, Sylla, César, Octave, qui préparèrent ou fondèrent à Rome la servitude, qu'étaient-ils? Des chefs de parti. Et Cromwell, qui détruisit la république anglaise; Danton, Robespierre, qui établirent le despotisme révolutionnaire précurseur et cause du despotisme impérial? Des chefs de parti. Or, les partis ne naissent, ni ne grandissent, ni ne triomphent quand le pouvoir est assez fort pour les empêcher de naître, de grandir et de vaincre : la puissance des partis et par conséquent les périls de la liberté viennent donc dans les républiques, non de la force, mais de la faiblesse du pouvoir. Plus le pouvoir qu'on va constituer sera faible, plus il y aura de chances pour les dissensions, d'encouragement pour les factions, de carrière pour la formation de pouvoirs irréguliers, d'occasions pour les dictatures.

Ou plutôt, les temps sont changés, les partis déclinent, nos innombrables révolutions ont découragé les convictions et lassé les espérances, et la plupart de nous, fatigués de tant d'agitations et d'orages, dégoûtés des systèmes, des partis et des hommes, n'aspirent plus qu'à un peu de stabilité et de bien-être, sous quelque nom et quelque régime qu'il plaise au ciel! Les partis par eux-mêmes ne sont capables ni de s'élever, ni de se soutenir, et ce n'est point leur oppression que je redoute, elle serait courte, ce n'est point l'issue de leurs tentatives, mais l'effet moral qu'elles produiraient et à la suite du trouble qu'elles jetteraient dans les intérêts, de l'ébranlement qu'elles imprimeraient à toutes les positions, à la société entière, la terreur qui se répandrait et les brusques revirements d'opinions et d'idées qu'on verrait s'opérer. Ce que je redoute, c'est cette lassitude des esprits qui permit à Auguste, à Cromwell, à Bonaparte, à Louis-Philippe d'être despotiques. Ne venons-nous pas de le voir? Au milieu des événements de juin la peur invoquait déjà la tyrannie. Le lendemain, on a vu frapper avec joie la liberté d'association et la liberté de la presse. Que la crise de février se ranime, qu'on revoie les promenades tumultueuses, les délibérations sur la place publique, les proclamations incendiaires; que l'or se cache, que l'industrie s'arrête, que le revenu général tarisse, que la misère et les passions alliées conspirent encore contre la société, et la France, passant d'un extrême à l'autre suivant les impressions de son génie mobile, rebrousse éperdue vers le despotisme, et se jette aux pieds du premier homme qui lui offre la sécurité et la vie.

La crise dernière, ou plutôt cette série de crises que nous avons parcourue, vint de la difficulté des conjonctures sans doute, mais aussi de la faiblesse du pouvoir, du déplacement de ses bases par la révolution, du vague de ses attributions nouvelles, de l'incertitude de sa durée, de sa dépendance du pouvoir législatif et du défaut d'unité. Si le pouvoir eût été plus fort, il eût inspiré plus de confiance aux hommes paisibles, plus de terreur aux factieux ; il eût eu le temps d'étudier des problèmes qui, pour être difficiles, n'étaient point insolubles. Pourquoi la confiance aujourd'hui semble-t-elle renaître? Parce que l'insurrection a été défaite, que le pouvoir est un pouvoir victorieux, qu'il est tombé en des mains militaires, qu'il est concentré, que l'esprit public ranimé le soutient mieux, qu'en un mot il est plus fort. Que sa force soit inébranlable, et, la liberté n'étant plus dangereuse, l'on ne songera plus à la proscrire. Chaque forme de gouvernement a ses périls, et la sagesse n'est pas de les négliger, mais de les combattre. Le côté fort des monarchies, c'est l'ordre, c'est la stabilité ; jusqu'ici c'est précisément le côté faible des républiques : c'est donc lui qu'il faut fortifier. L'intérêt de la république n'est pas d'affaiblir le pouvoir ; mais c'est l'intérêt de ses adversaires, afin qu'il soit impuissant contre le désordre, que l'agitation continue ou se renouvelle, que la confiance ne puisse se rétablir, le commerce se relever, la société se rasseoir, et que la république soit reconnue incapable d'inspirer la sécurité et de gouverner la France. Si on voulait classer les opinions, non d'après les préjugés qui ont cours, mais la réalité des choses, il faudrait appeler amis de la république ceux qui demandent un gouvernement fort pour qu'elle puisse vaincre avec lui les factions, le désordre, le discrédit et la peur, et, au contraire, ennemis de la république, ceux qui lui souhaitent un pouvoir faible pour qu'elle soit détruite.

II.

ATTRIBUTIONS DU POUVOIR EXÉCUTIF.

On ne doit donc pas craindre d'accorder au pouvoir exécutif tout ce que demande sa nature. Ainsi créé pour l'action, tout ce qui est action lui appartiendra : à lui d'exécuter et de faire exécuter les lois. L'application des lois n'est point chose purement matérielle, elle en suppose l'appréciation, par conséquent l'explication de son esprit véritable à tous les agents chargés de l'appliquer, à tous les citoyens obligés de lui obéir, l'interprétation des clauses obscures et trop insignifiantes pour occuper l'assemblée législative, la coordination de tous les actes qui la composent pour qu'il y ait concours et non contradiction, l'établissement de certaines règles pratiques, afin que l'application soit fidèle et efficace. Le pouvoir exécutif aura non-seulement le droit de donner des ordres et de faire des actes pour l'exécution des lois, mais de faire encore pour le même objet tout arrêté, règlement ou ordonnance.

Le pouvoir qui agit est nécessairement celui qui dépense, par conséquent celui qui a l'emploi des ressources, celui qui dispose des revenus est naturellement celui auquel en revient la perception. La levée des impôts est d'ailleurs chose d'action et de détail dévolue comme telle au pouvoir exécutif. Il en est de même du soin des propriétés publiques : terres, forêts, eaux, bâtiments, et le pouvoir exécutif est chargé de l'administration générale.

Les traités, n'étant pas autre chose que des règles internationales, les lois extérieures des peuples, sont du ressort législatif. Il en était autrement sous la monarchie, parce que le pouvoir exécutif avait alors une portion du législatif, qu'il s'appelait roi et non président, qu'il était plus ou moins souverain, et la logique n'en était point choquée. En même temps, cette attribution était peu dangereuse chez un pouvoir perpétuel, incorporé à la société, dont les intérêts extérieurs étaient les mêmes que les siens, qui ne pouvait l'élever sans s'élever, l'abaisser sans s'abaisser, la perdre sans se perdre lui-même. Dans une république, au contraire, le pouvoir exécutif est purement exécutif, ce n'est point à lui de faire les règles intérieures ou extérieures de l'Etat. Il est passager et électif : il n'y a point entre lui et la nation cette solidarité qui résulte de la perpétuité des liens et des rapports. Il perd plus aisément de vue sur ce point l'intérêt public, son ambition est plus facilement étrangère ou hostile. Il peut se laisser corrompre, il peut surtout compromettre la sûreté de l'empire dans une guerre sans nécessité ou sans justice, mais où il voit pour lui-même la popularité, la gloire, un accroissement de puissance, et, au terme, la souveraineté. On demande des garanties de publicité et de délibération pour la confection des lois, pour les droits intérieurs des peuples ; on ne veut pas laisser à un pouvoir secret, hâtif, impérieux par essence, le soin de les fixer de peur qu'il ne les détruise. Et l'on serait moins difficile pour les traités qui engagent les fortunes et le sang des citoyens, la grandeur, la prospérité de l'État, son existence peut-être !

Mais si les traités sont des lois, les négociations qui les préparent ne sont que des actes. Elles n'engagent pas, ne fixent rien, ne créent pas d'obligation. Leur direction varie suivant les dispositions qu'elles rencontrent, lesquelles varient à leur tour suivant les circonstances qui modifient les positions et les prétentions. Il faut tour à tour faire des offres et des menaces, nier et éluder, attaquer de front ou circonvenir. Une négociation veut des mois, des années, parfois plusieurs, et souvent pour échouer au terme. Il y a fréquemment plus de deux nations, plus de deux intérêts en présence ; il faut traiter avec chacun séparément, et le secret est nécessaire. Il est aussi nécessaire de ne pas s'irriter contre les résistances, de ne pas s'enflammer dans les discussions ; et, en résumé, exposer les négociations aux indiscrétions, aux contradictions, aux orages des assemblées délibérantes, serait vouloir en faire sortir non la paix et les alliances, mais l'inimitié et la guerre, non une politique nette et sûre, mais une politique incohérente, mêlant les témérités aux faiblesses.

La rédaction des traités devrait être naturellement dévolue à celui qui les conclut, mais des considérations puissantes s'y viennent opposer. Quand, par les négociations, le pouvoir exécutif d'un peuple a amené un autre peuple au point qu'il désire, il a par là même réalisé entre les dispositions respectives un accord véritable, et cet accord est un traité sans signature, il est vrai, sans texte écrit, mais qui n'en existe pas moins dans l'esprit des deux peuples. De ce qu'il n'est ni signé ni écrit, il résulte qu'il n'engage point ; mais de ce que les intentions concordent, il suit en même temps que les puissances négociatrices sont disposées à l'exécuter, à s'engager en effet. Que la rédaction ait lieu aussitôt, et le traité écrit ne rencontrera aucune résistance, aucun refus, car il ne fait que rendre la pensée commune. Mais si elle est remise au pouvoir législatif, celui-ci sera obligé de prendre connaissance de l'affaire avant de se décider, de revoir toutes les négociations, toutes les correspondances, de délibérer sur leur ensemble ; il lira et il délibérera avec la lenteur qui tient à sa nature, et il laissera le temps aux doutes de naître, aux dissentiments de fermenter et de grandir, aux intrigues ennemies d'agir, aux événements défavorables de survenir, et aux dispositions des deux peuples de changer. Il portera en outre à la tribune les clauses, les offres, les raisonnements, mille incidents, mille paroles qui peuvent éloigner ou blesser la puissance avec laquelle on traite ou une puissance étrangère, et engendrer des hostilités au lieu de traités d'alliances. Il sera forcé de soumettre aux hasards de la discussion, aux tempêtes qui en peuvent sortir, aux emportements d'une parole éloquente, les intentions, les intérêts, les destinées des nations, la paix et la guerre.

On ne peut confier aux assemblées législatives que la ratification des traités. La publicité et la discussion n'auront plus les mêmes inconvénients pour des dispositions écrites, rédigées, déjà publiques. Le peuple avec qui l'on traite sera retenu par la vue de sa pensée sur le papier, par le caractère sérieux et indélébile d'un écrit. L'assemblée qui discutera aura plus d'égards pour un projet rédigé, arrêté en commun, envoyé par une nation, que pour de simples pensées demeurées dans le vague des entrevues et des correspondances. Le texte du projet aura l'avantage de circonscrire la discussion qui, autrement, s'égarerait dans toutes les hypothèses que les négociations ont soulevées. Et cependant, le droit de l'assemblée législative sera sauf et entier, puisque le traité n'aura d'effet que par son vote, et qu'il dépendra d'elle de le donner ou de le refuser. L'intérêt de l'État ne sera pas compromis ; car si, par aventure, le traité y était contraire, qui empêcherait l'assemblée législative de le rejeter ? Au besoin, l'opinion publique l'y viendrait contraindre.

L'exécution des traités, comme celle des lois, revient au pouvoir exécutif et avec elle, il semble, la faculté de déclarer la guerre, car il n'y a de guerres légitimes que celles qui se font pour l'exécution des traités, ou la défense de ces principes antérieurs et supérieurs sur lesquels tous les traités et tous les rapports reposent. Mais prenons garde qu'une loi ne concerne que les citoyens, et, si elle est violée, peut être, par leur intervention, sauvée à l'instant même ; tandis qu'une déclaration de guerre atteint des étrangers et soulève des passions qu'il ne dépend pas du peuple provocateur d'arrêter par une réparation, en sorte qu'il se trouverait lancé, par la volonté d'un chef, dans des voies dont il ne saurait pas l'issue. Prenons garde que le danger d'une fausse application des lois est presque toujours limité, tandis qu'une guerre peut être une suite de désastres qui aboutissent à la destruction. Qu'une fausse application des lois n'a d'ordinaire qu'un seul péril, tandis qu'une déclaration de guerre menace à la fois la liberté du pays et son existence ; son existence, par les revers ; sa liberté, par les victoires qui éblouissent la foule et entraînent l'armée. Que l'abus des lois est difficile sous les yeux de la nation, au milieu des loisirs de la paix et des défiances de la liberté, tandis qu'une déclaration de guerre se rapporte à des intérêts éloignés, compliqués, mal compris, et passe aisément sous le nom de dignité et de grandeur nationale, et qu'une fois dénoncée, la fumée des batailles et le bruit des triomphes couvrent les usurpations du pouvoir, les peuples euxmêmes, fascinés, lui aplanissent les voies et n'aperçoivent le despotisme que quand il est maître. Que, d'ailleurs, la guerre est un état particulier, exceptionnel, qui a ses règles, ses usages, usages et règles non-seulement différents de l'état de paix, mais contraires ; non-seulement contraires à la paix, mais à la société, à la nature humaine, et, à ce titre, réclamant plus qu'une loi ordinaire des garanties de publicité et de discussion. Il serait exorbitant de permettre à un pouvoir passager, prompt, muet, absolu, ambitieux comme le pouvoir exécutif, un acte qui n'est autre chose qu'un arrêt de vie et de mort prononcé sur plusieurs milliers d'hommes et suspendu sur plusieurs peuples.

Au lieu d'une guerre à déclarer, supposons une guerre à soutenir ; la position change et la conclusion avec elle. La guerre existe : plus d'initiative à prendre, de résolution à former, de délibération à tenir ; on ne peut pas délibérer si on se défendra ou ne se défendra pas, si on se laissera égorger ou asservir sans résistance ; le temps des délibérations et des pouvoirs délibérants est passé, est venu celui de l'action et du pouvoir exécutif. C'est toujours la guerre, il est vrai, et ses périls intérieurs et extérieurs ; mais le pouvoir exécutif ne crée pas ces périls, la société n'est pas libre de les écarter, la guerre serait décrétée par le pouvoir législatif, qu'elle ne changerait pas de nature et qu'ils existeraient encore ; il y a seulement cette différence : si on résiste, la servitude et la ruine sont possibles ; si on ne résiste pas, elles sont certaines. En défendant la société attaquée, le pouvoir exécutif n'établit pas une situation nouvelle des intérêts et des droits, puisqu'il la trouve établie ; il ne fixe, ni ne détermine, ni ne décrète, il agit, il applique le premier principe de la société, celui de sûreté, la première de toutes les lois, la loi de conservation ; il demeure ce qu'il est, pouvoir exécutif.

A l'intérieur, l'application des lois rencontre souvent des résistances que la force seule peut vaincre. Sans la force la législation serait stérile, le pouvoir exécutif impuissant, et l'emploi de la force, en cas de désobéissance, fait partie intégrante de l'application des lois ; mais le pouvoir exécutif n'a pas le droit, pour obtenir l'observation d'une loi, de suspendre toutes les autres, pour obtenir l'obéissance d'une classe de citoyens de supprimer les droits d'une population entière, de prendre des mesures exceptionnelles et illégales comme l'état de siége, de violer tel ou tel principe de la constitution, patrimoine et garantie de tout un peuple. La mesure qui suspend les lois n'appartient qu'au pouvoir qui les a faites ; la faculté de détruire qu'à celui qui a créé, au législateur. Quelle témérité d'ailleurs de fournir à un chef entreprenant un prétexte de domination, une occasion d'usurpation, un moyen de détruire légalement les lois et d'anéantir la liberté au nom de tout ce qu'il y a de plus sacré : le salut de la société !

Puisque le pouvoir exécutif n'a pas le droit de faire suspendre ou d'abolir les lois, il n'a pas celui de suspendre ou de casser les arrêts qui sont l'effet de la loi même, d'en interdire l'exécution ; à ce compte, le droit de grâce lui serait refusé. Nécessaire pourtant pour réparer les erreurs inévitables de la justice humaine, le droit de grâce ne sera pas confié davantage au pouvoir législatif, qui ne statue que sur des cas généraux, ni aux tribunaux créés pour appliquer les lois et non pour en dispenser ; ou plutôt, quoique au premier abord il ne semble pas convenir au pouvoir exécutif, on voit, quand on l'examine de près, qu'il rentre dans les attributions de ce pouvoir. Le but, en effet, du droit de grâce est d'empêcher les lois officielles de violer les lois morales. Le pouvoir exécutif, en l'exerçant, ne sort pas de son domaine, puisqu'il n'a pas seulement l'application des lois, mais l'application de ces principes généraux qui les animent, principes évidents, éternels, que le législateur n'a pas écrits, parce qu'ils étaient déjà écrits dans la nature, antérieurs et supérieurs à tous les Codes de la terre, et qui, par conséquent, doivent passer avant eux : tout à l'heure le principe de conservation, maintenant celui de justice et d'humanité.

On sent toutefois que ce droit mal appliqué porterait une atteinte funeste à la majesté des lois, qui ne doivent céder ni à un intérêt ni à un caprice, mais seulement à quelque chose de plus essentiel et de plus grand qu'elles-mêmes. Il importe que la société ait une garantie, que le droit de grâce soit soumis à certaines formalités qui en assurent le judicieux exercice, qu'un conseil l'éclaire et le dirige, ou du moins puisse l'arrêter. Quel sera ce conseil? les avis diffèrent. M. de Lamennais propose la cour de cassation; la commission de constitution le conseil d'État. Donnée à la cour de cassation, cette attribution nouvelle aurait l'inconvénient de l'obliger à examiner et à résoudre les questions de fait, quand, jusqu'à présent, les questions de droit seules lui sont soumises, et en apparence de dénaturer son rôle; mais, en réalité et à considérer, non la lettre de ses attributions, mais leur but, nul corps ne serait mieux fait que celui qui est préposé à la garde des lois, au maintien de leur esprit et de leurs principes pour exercer le droit de grâce destiné à maintenir cet esprit et à sauver ces principes.

Le conseil d'État, placé auprès du pouvoir exécutif pour éclairer son action, à ce point de vue serait parfaitement propre à diriger l'exercice du droit de grâce. Il est néanmoins à observer que le droit de grâce est un acte judiciaire et que le conseil d'État est un tribunal administratif. Si on donne au conseil d'État, comme on le projette, des attributions politiques, et parmi elles la rédaction de toutes les lois, l'examen des grâces proposées par le président rentrera par ce côté dans sa juridiction. Nonobstant, il sera encore moins conforme à sa nature nouvelle, plutôt politique que judiciaire, qu'à celle de la cour de cassation, gardienne naturelle des lois, et à qui il appartient de les interpréter. Inutile, en outre, à la grandeur du conseil d'État au milieu de tant d'autres attributions importantes, il relèvera la cour de cassation abaissée par l'élévation d'un corps égal et rival jusqu'alors, désormais supérieur.

Le pouvoir, qui conduit les divers services publics, qui administre les intérêts de la société, qui veille à sa sûreté, est en contact permanent avec elle, et, mêlé à tous les détails de sa vie, se trouve plus à portée que tout autre de connaître ses besoins et les lois qu'ils réclament. Dans l'intérêt même de cette société, il est nécessaire qu'il fasse part de son expérience au pouvoir législatif plus éloigné des affaires et moins instruit, qu'il appelle son attention sur les côtés faibles de la machine politique, et qu'en un mot il puisse, non pas faire des lois, mais en proposer au pouvoir législatif comme il lui propose les traités.

Quoique le pouvoir législatif soit permanent en principe, il a le droit de se proroger et peut être absent au moment où la nation a besoin de lui; dès lors, qui l'appellera, qui le convoquera, sinon le pouvoir exécutif, seul pouvoir présent, et chargé de tout ce qui est action, or cette convocation est un acte, et de veiller au salut de la société, de prendre pour elle toutes les mesures d'urgence, et la convocation du corps législatif en est une?

Enfin, l'obéissance aux lois ne suppose pas seulement qu'elles existent, mais qu'elles sont connues; leur promulgation est une formalité essentielle; mais cette promulgation n'est pas une loi ni une partie de la loi, elle a pour but d'en assurer l'exécution, elle fait donc partie de cette exécution même et des attributions du pouvoir exécutif.

Les traités sont comme les lois; ils ont besoin, pour être exécutés, d'être connus; la notification est à l'extérieur ce qu'est là promulgation à l'intérieur, non une partie de l'œuvre législative, mais une formalité destinée à la faire connaître pour la faire exécuter, qui, à ce titre, est dévolue au pouvoir exécutif chargé de l'application des traités comme de celle des lois. Et de même que le pouvoir exécutif met son nom dans l'acte de publication des lois, il le met dans l'acte de publication des traités, il les signe. Cette signature, en langage diplomatique, s'appelle une ratification, ratification apparente et non réelle, qui donne au traité un caractère officiel et non sa force véritable; car, si c'était une vraie ratification, ce serait elle qui donnerait aux traités leur valeur quand c'est le vote du pouvoir législatif; ce serait le pouvoir exécutif qui ferait les traités quand il n'a que le droit de les préparer; il pourrait refuser sa signature, et il ne le peut pas, à moins d'abdiquer; il serait, en un mot, législateur, et il ne doit pas l'être. Sa ratification n'est donc qu'une partie de la notification même; parce que c'est lui qui négocie avec les puissances étrangères, lui qui réclame de leur part l'exécution des traités, elles ne connaissent que lui, et il est essentiel qu'il vienne apposer sa signature à la volonté nationale pour qu'elles y croient, qu'il en vienne certifier la valeur et l'origine ; il est ici le témoin de la nation. Et aussi parce qu'il est l'exécuteur de toutes ses volontés, c'est lui qui les doit signer ; il y met son sceau pour prouver qu'elles sont définitives et qu'il est prêt à les exécuter. En résumé, le pouvoir exécutif négociant, rédigeant et signant les traités est l'agent extérieur de la France, et c'est à lui que peuples et ambassadeurs doivent s'adresser.

La plupart des attributions que nous venons de parcourir ne sont pas refusées à la puissance exécutive, leur nature empêche de les lui contester ; tout ce qui est action est son domaine, ou l'on n'a plus de règle pour fixer ses pouvoirs. Mais les défiances et les préjugés qui subsistent font naître la pensée d'en surveiller l'exercice, et quelques-uns songent à créer dans l'assemblée législative des comités correspondants à tous les services publics et destinés à contrôler tous les actes qui s'y rapportent. Le but de cette création serait l'exécution des lois qu'il appartient surtout d'assurer à qui les a faites ; le résultat serait la domination du pouvoir législatif. Juger d'abord, c'est faire acte de supériorité, et en attribuant ce droit officiellement au pouvoir législatif, on pose le principe de la prépondérance. On juge ensuite dans un sens ou dans un autre, et, les deux pouvoirs étant divers par leurs éléments comme par leurs fonctions, la divergence serait presque inévitable. Le pouvoir législatif, différant de vues d'avec le pouvoir exécutif, le presserait de prendre une voie contraire, le condamnerait, l'entraverait, s'il ne le faisait pas, et par son autorité morale, par la continuité de ses efforts, finirait peut-être par l'entraîner dans une direction opposée, ou du moins par le paralyser, en d'autres termes, par gouverner ou par arrêter le gouvernement. Les deux pouvoirs seraient d'accord, que le concours du pouvoir législatif, forçant l'action exécutive à passer par toutes les lenteurs de ses discussions, serait encore funeste. Aujourd'hui les comités existent, ils sont logiques dans une assemblée qui n'est pas législative, mais constituante, leur action est adoucie par la gravité des circonstances, le sentiment de la nécessité d'un pouvoir fort, la peur de l'ébranler par le moindre obstacle, et pourtant on s'en plaint déjà et l'on propose de les supprimer. Ce sera bien autre chose quand, la crise passée, l'envie et l'ambition naturelle au pouvoir législatif comme à tous les pouvoirs, se sentiront libres, quand la constitution achevée, il descendra du rang de souverain à celui de simple pouvoir, quand enfin sa domination n'aura plus la logique pour cause et la nécessité pour excuse. Un pouvoir contrôlé est déjà faible, un pouvoir partagé plus faible, un pouvoir dépendant tôt ou tard est nul, et la première condition de force pour le pouvoir exécutif est l'intégrité de ses attributions, la liberté de son action, l'indépendance.

III.

CONSTITUTION DU POUVOIR EXÉCUTIF : — UNITÉ.

La variété infinie des attributions du pouvoir exécutif réclame un nombre infini d'agents qui ont besoin d'une direction commune et d'une impulsion une, parce que la société est une. Une direction une implique un seul homme : mettre plusieurs hommes au gouvernement, c'est y mettre plusieurs intelligences, plusieurs volontés, plusieurs manières de voir et d'agir. Quand sous l'action des circonstances ou d'un génie supérieur le concert s'établirait, les vanités seules le rompraient bientôt, et décréter le partage de l'autorité, c'est décréter la division et la lutte dans le conseil, et dans les actes l'incohérence et la faiblesse. Quel exemple citer en faveur d'une autorité partagée? Le Directoire en France ! modèle de débilité et désordre, il ne prouve pas pour, il prouve contre. Les Etats-Unis? ils n'ont qu'un président. Les Suisses? qu'un président. Les républiques du moyen âge, Gênes, Venise, Florence? elles avaient un chef unique. Athènes? le gouvernement y fut presque toujours concentré, il passa tour à tour dans les mains de Solon, Pisistrate, Thémistocle, Cimon, Périclès, Alcibiade ; mobile, mais toujours un. Rome? elle eut deux consuls, mais qui n'étaient que des généraux, des juges, des administrateurs, et derrière lesquels apparaissait le sénat, conseil perpétuel du gouvernement, âme et moteur de la république. Le sénat, c'est-à-dire un corps aristocratique, et partout où l'aristocratie existe, on peut se passer d'unité dans le pouvoir exécutif, parce qu'il n'est qu'un instrument, que c'est l'aristocratie qui dirige, et que toute aristocratie a des traditions, des intérêts communs et fixes, l'unité de pensée et de vouloir, et de plus qu'aucun homme la perpétuité, qu'avec elle se trouve ainsi réalisée au plus haut degré l'unité de direction, l'unité dans le pouvoir. Sparte avait plusieurs rois et plusieurs éphores, mais c'était encore une aristocratie, et de plus une société exceptionnelle, faite pour l'étonnement, non pour l'imitation. Quoi encore! la Convention française, et le Parlement anglais après la chute de Charles Ier! Autorités multiples, mais au sein desquelles les événements formidables avaient créé l'unité de sentiments et d'idées, une unité passagère et extraordinaire comme ses causes. Ni en France, ni au dehors, ni dans les temps anciens, ni dans les temps modernes, point d'exemples, point de preuves contre l'unité du pouvoir.

En découvrît-t-on quelqu'un dans quelque coin perdu de l'histoire ou du monde, le caractère particulier de la France exige impérieusement l'unité. Habituée non-seulement à l'unité politique, mais à la centralisation administrative, à sentir dans toutes les circonstances le poids de l'autorité, à recourir à elle dans tous ses besoins, elle s'accoutumerait moins que toute autre contrée à une direction incertaine et flottante qui la laisserait, comme un vaisseau démâté, livrée à tous les vents contraires. Plus la machine du gouvernement est compliquée, plus les détails sont vastes, plus l'absence d'une direction constante et visible est sentie, plus le désordre qui en résulterait serait profond et général. Douée d'un esprit prompt, d'une âme impétueuse, la France a d'ailleurs besoin de décisions nettes et rapides qui l'entraînent, et non d'une politique froide, lente, hésitante, qui lui arrive par la voie laborieuse des délibérations et laisse à tous ses enthousiasmes le temps de tomber, à tous ses dissentiments le temps de naître. Amoureuse de l'éclat, des apparences, elle a besoin que le pouvoir soit pour elle un drapeau visible, un signe éclatant qui concentre son attention, qui la saisisse, et non que ses regards, ses dévouements, ses respects aillent se diviser, se disperser, s'affaiblir sur plusieurs têtes. L'unité du pouvoir est nécessaire : point de directoire, un président.

De cette nécessité de l'unité ne découle pas seulement l'unité de personne, mais l'unité d'action. Il est bien qu'un homme personnifie le pouvoir de la république aux yeux des peuples, mais à condition que cet homme ne sera pas un nom, une apparence, mais une direction, une puissance, une volonté ; qu'on ne verra pas derrière lui tous les maux des pouvoirs partagés, la discorde, la faiblesse, l'incohérence. — On propose de donner aux ministres la direction de leur département, ou plutôt de la leur laisser, car ils l'avaient sous la monarchie ; mais alors l'institution était logique, on donnait des pouvoirs aux ministres, parce qu'ils étaient seuls responsables, et pour que leur responsabilité fût sérieuse. Dans une république, le président étant responsable offre des garanties, et on n'a plus besoin des ministres pour le couvrir. Leur responsabilité et leur puissance n'aurait plus pour but que la division et l'affaiblissement du pouvoir exécutif, dont la faiblesse est précisément le péril des démocraties. Que chaque ministre dirige son département, que restera-t-il au président ? Qu'y a-t-il en dehors des neuf ministères ? Donnera-t-on au président une influence générale, lui attribuera-t-on le gouvernement, et l'administration aux ministres ? Mais tous les départements ont des côtés politiques, et la séparation des choses politiques et des choses administratives est impossible en théorie, et, dans la pratique, ouvrirait la porte à l'arbitraire et donnerait lieu à des conflits perpétuels.

Cette séparation existe à un certain degré dans les monarchies constitutionnelles, non dans les lois, mais dans l'application, dans la conduite des affaires, et pourquoi ? parce que le roi, souverain arbitre, la peut faire à son gré, prendre ou rejeter chaque question à mesure qu'elle se présente. En général, il se réserve la haute direction, il choisit pour premier ministre un homme qui partage ses vues, et celui-ci associe à son tour au gouvernement des hommes propres à servir la pensée commune. La marche générale de la politique vient du roi, le premier ministre n'a guère que le choix des mesures d'application, et les autres appliquent ces mesures, et n'ont guères en propre que ce qu'on leur abandonne. Les ministres ploient devant le roi parce qu'il est un principe en même temps qu'une institution, parce qu'il a la majesté et la durée en même temps que la puissance, parce qu'ils se sentent les œuvres de ses mains, et qu'il peut les employer ou les briser comme il lui plaît. Quand par hasard ils préfèrent la retraite à l'obéissance, le roi n'a que la peine de chercher de nouveaux instruments, sa politique subsiste avec lui, le pouvoir exécutif n'est ni renversé, ni même ébranlé d'ordinaire : immuable, éternel, le roi demeure pour le représenter. En apparence, il y a complication, il y a partage du pouvoir, en réalité le roi domine et l'unité existe. Au contraire d'un président qui n'a ni l'éclat du rang, ni la perpétuité du pouvoir pour subjuguer ses ministres, et qui ne restera maître en sa sphère que si la loi la définit et la protége : à qui ne possède ni le prestige ni la durée, il faut la puissance.

Il est clair que le pouvoir législatif qui s'arrêtait devant la royauté, pierre séculaire, fondement de l'édifice, ne s'arrêtera pas devant un président de république électif, temporaire, responsable. Il est évident que, n'ayant plus le respect du pouvoir exécutif, et en ayant toujours la jalousie et la défiance, il voudra placer autour de lui, dans les ministères, des hommes investis de sa propre confiance pour le surveiller, l'entraver, le diriger. Il est manifeste que ces ministres imposés au pouvoir exécutif par le législatif se regarderont comme les ministres de celui-ci, et refuseront d'obéir à l'autre ; qu'ils y seront poussés par leur ambition comme par leur origine, car il est plus aisé de gouverner sous le nom d'une assemblée que sous celui d'un chef, et que le vague inévitable des attributions respectives sera une occasion perpétuelle d'usurpation. Or, si même sous la monarchie, les ministres, avec l'appui des Chambres composées de simples particuliers nourris dans le respect et dans la déférence, sous l'influence eux-mêmes des traditions et des usages, tenaient quelquefois la royauté en échec, que sera-ce d'un président élu et passager ? que fera celui-ci s'ils lui résistent ? les révoquera-t-il ? Ce serait offenser le pouvoir législatif qui les soutient. Les contraindra-t-il ? Nul moyen : comme tous citoyens, ils sont libres. Se passera-t-il d'eux ? Leur concours est obligatoire. Que reste-t-il ? Qu'à suivre leurs idées, leur direction, obtempérer à leur volonté ! Le respect ne les retient pas, leur intérêt les excite, le pouvoir législatif les soutient et les presse ; ils ne laisseront rien au président, que la faculté de promulguer les lois, de signer les ordonnances et de représenter la république dans les solennités officielles ; et sans usurpation, car ils sont maîtres de ne donner leur concours qu'aux actes qui leur plaisent, pourvu que le président accepte leurs mesures et qu'il y appose son sceau en témoignage, les mesures émanent de lui : la loi est satisfaite.

Il n'est qu'un remède : Faire des ministres de simples subordonnés qui exécutent, mais ne discutent pas ; qui discutent, mais comme conseils et non comme arbitres ; dont le concours ne soit point obligatoire, en un mot, des commis plus ou moins influents et non des collègues. Dès lors, ils n'ont plus de part légale et obligée au gouvernement, plus de moyens de contraindre le présient. Le pouvoir législatif n'a plus de raison d'influencer les choix de celui-ci ; les ministres, n'étant plus nommés par l'influence légistive, ne dépendent plus d'elle, et n'ont plus de motifs pour s'appuyer sur elle. Le pouvoir législatif ne peut plus placer ses hommes de confiance dans les ministères, investir par eux le président, par eux le solliciter ou l'entraver, le conduire, et exercer sous leur nom la puissance exécutive ; il rentre dans sa sphère, et le pouvoir exécutif reste maître en la sienne.

Je ne vois qu'un inconvénient, l'abaissement des fonctions ministérielles, et peut-être la répugnance des hommes considérables à les occuper désormais comme au-dessous d'eux. Mais qu'on réfléchisse : les places de procureur général, de préfet, de directeur général sont fort enviées, et pourtant dépendantes ; les ambassades, plus enviées encore et pourtant dépendantes. Dans notre société, peu d'hommes sont au-dessus des premières, point au-dessus des secondes, et les ministères placés encore plus haut, seront infailliblement plus désirés et plus estimés encore. Les ministères seront toujours l'apprentissage du gouvernement ; les ministres, les candidats naturels à la présidence. Il n'y a point de poste, en effet, qui puisse mettre plus en vue et fournir plus d'occasions au talent. La dépendance sera plus apparente qu'effective. Le pouvoir légal, officiel, n'est pas le seul pouvoir. Qu'est-ce qu'un ministre dans une monarchie absolue ? Un instrument ; et cependant quels respects autour de lui, quels hommages ! Pourquoi ? Sans doute parce qu'il est le représentant du roi, mais aussi parce qu'il a par la force des choses une grande latitude d'action ; parce que, officiellement ou non, de droit ou de fait, il a inévitablement une grande partie de la puissance. De même des ministres du président : officiellement, ils seront des agents; dans la réalité, il sera obligé, par l'impuissance d'y suffire, de leur abandonner une foule d'attributions : ils seront ses collègues. Quand le président les choisira, il préférera des hommes d'opinions semblables aux siennes. Ces hommes, devenus ses ministres, ne serviront pas sa volonté, ni même sa pensée, car, si cette pensée n'eût été la leur, on ne les eût point choisis, ils n'eussent point accepté ; ils serviront une pensée qu'ils partagent, en définitive leur propre opinion : ce ne sera pas de l'obéissance, mais un concours. Et aussi, cette communauté d'opinions fortifiée par des actes continuels en harmonie avec elle, attirera infailliblement sa confiance, et jointe à cette familiarité qu'engendrent la communauté d'occupations et les relations fréquentes, et à cette nécessité que j'ai mentionnée de se décharger d'une partie des vastes soins que le gouvernement entraîne, donnera nécessairement aux ministres une influence considérable, à laquelle ne manquera pas l'éclat qui doit s'attacher aux secondes fonctions de la république.

L'unité d'action veut aussi que tous les agents du pouvoir exécutif obéissent au président de la république, reçoivent et exécutent ses ordres; autrement, il n'y a plus unité, mais diversité. L'indépendance des ordres divers de fonctionnaires, c'est la liberté de leurs intérêts et de leurs penchants divers, la diversité des tendances et des conduites, la contradiction dans l'application et l'interprétation des lois, la lutte et le désordre dans l'administration, l'anarchie dans l'État. Qu'une seule sphère soit soustraite à l'empire de l'unité, et si elle est importante, l'exception est funeste à l'État; si elle est insignifiante, funeste pour elle-même, qui se trouve séparée du corps dont elle est membre. La force armée ne peut échapper à cette loi; un homme qui l'aurait dans sa main sans avoir d'obéissance à rendre au président de la république, serait le rival de celui-ci ou son maître. Le chef de l'État verrait enlever à son action tous les cas où l'emploi de la force armée est nécessaire, puisqu'il ne la dirige rait pas, et un autre que lui serait chargé du maintien de l'ordre et de la sûreté publique.

Cependant, l'emploi de la force armée n'est pas seulement nécessaire, il est dangereux. Son importance qui en fait un moyen de salut, en fait aussi un instrument de ruine. Pour que le président puisse couvrir la république menacée, il suffit qu'il puisse appeler l'armée au moment du péril, et la diriger sur les lieux attaqués. Pour anéantir la liberté, pour substituer son influence personnelle à celle des lois, quelque chose de plus est indispensable : Qu'il soit connu personnellement de l'armée, non des chefs, mais du corps lui-même ; qu'il soit en contact fréquent avec elle ; qu'il ait occasion journalière de lui montrer tout l'intérêt qu'il lui porte ; qu'il soit soldat comme elle, qu'il ait combattu avec elle ; en un mot, qu'il ne soit pas un chef politique, mais un chef militaire, qu'il la commande en personne. Le commandement en personne est tout ce qu'il y a de périlleux ; la direction politique est tout ce qu'il y a d'utile ; la liberté refuse l'une au président de la république et l'ordre lui défère l'autre.

L'obéissance des fonctionnaires publics aura beau être écrite dans la loi, elle restera un texte vain, tant qu'une sanction ne lui sera pas donnée. Les intérêts des fonctionnaires, s'ils ne sont pas liés au président de la république, les emporteront souvent dans des voies contraires aux siennes. Les peines ordinaires n'atteindraient le fonctionnaire que dans des cas graves, exceptionnels, et ne sauraient réprimer l'incurie habituelle. La destitution, châtiment qui ne flétrit pas, mais qui frappe, qui fait cesser le mal, sans éclat, sans délai, sans jugement, est la seule répression possible. La crainte néanmoins ne suffit pas pour gouverner les hommes ; à côté des peines, on voit partout les récompenses, et c'est au président de donner comme d'ôter les places, de nommer comme de destituer. Car si ces attributions étaient séparées, le pouvoir serait divisé ; et si aucune n'appartenait au président de la république, les regards de tous les fonctionnaires se détourneraient de lui, leur obéissance irait chercher celui qui pourrait créer ou briser leur carrière, et celui-là, quelque nom qu'il portât, maître des fonctionnaires, et par eux de l'administration, serait le véritable président de la république.

IV.

SOURCE DU POUVOIR EXÉCUTIF : — LA NATION.

Quand on aura fixé les attributions du pouvoir exécutif, quand on aura réglé son organisation, il ne restera plus, pour le voir fonctionner et agir, qu'une question à résoudre : la question d'origine, du mode d'élection. Le président sera-t-il choisi par le peuple ou par l'assemblée législative? Les esprits sont divisés; mais tous ceux qui sentent la nécessité d'un pouvoir fort ne peuvent hésiter. L'origine d'un pouvoir c'est son fondement dans l'opinion, et le voulez-vous puissant et indépendant, donnez-lui une origine grande et indépendante; donnez-lui au contraire une origine inférieure et dépendante pour l'avoir dépendant et faible. Il est manifeste que le pouvoir sorti de l'urne législative n'aura jamais la même grandeur que s'il était issu de la volonté nationale. Les peuples le regarderont comme une création de l'assemblée législative, et porteront plus haut leurs vœux et leurs hommages. L'assemblée législative n'aura pas pour son œuvre les égards qu'elle aurait pour l'élu de la nation, et pensera qu'elle doit le diriger puisqu'elle l'a fait. Lui-même se sentira gêné par son origine, par la pensée publique qui le subordonne au pouvoir législatif; il luttera à peine contre les empiétements de ce pouvoir, et sera peu à peu entraîné dans son orbite. Il est aussi raisonnable de faire élire le pouvoir exécutif par le pouvoir législatif, qu'il le serait de faire élire les membres de l'assemblée législative par le pouvoir exécutif.

Il y a encore d'autres considérations en faveur du pouvoir exécutif : ce n'est plus l'intérêt de ce pouvoir et de l'ordre qu'il est chargé de maintenir, mais le droit de la société qui est souveraine. Puisque la société a la souveraineté, le pouvoir législatif ne l'a donc pas ; si c'est elle qui est souveraine, c'est à elle seule à déléguer des pouvoirs qui n'appartiennent qu'à elle, à moins que le pouvoir exécutif, préposé à la prospérité et à la sûreté publique, ne soit qu'un rouage obscur et secondaire, indigne de ses soins et de ses regards. Ne serait-il pas aussi à craindre que l'élection législative ne proclamât des notabilités de parlement, des discoureurs élégants et stériles, des illustrations obscures, nées dans le demi-jour des bureaux et des couloirs, grandies dans les colonnes des journaux, produit de l'intrigue et non des services. Le suffrage universel, au contraire, ira chercher des noms éclatants, éprouvés, connus de la nation entière ; car autrement, comment les nommera-t-elle ? Des hommes d'action ou de pensée, qui représentent, non des ambitions, mais des principes, non des coteries, mais la France : Dans un cercle étroit, la brigue est une puissance, au milieu d'un peuple elle se perd.

V.

DURÉE DE LA PRÉSIDENCE.

Puissance et indépendance ne sont que des avantages vains sans
un troisième pour se servir des deux autres : du temps. Le pouvoir
exécutif ne fait pas les lois, mais il les applique, il administre, il
négocie, et est obligé de le faire dans un sens ou dans un autre,
et chaque fois qu'il agit d'avoir une opinion. Or, un système de
colonisation, un projet de réforme des prisons, le moindre plan
agricole, financier, industriel demande, pour donner des résultats
décisifs, une longue série de travaux et d'efforts ; et, pour une
action qui va embrasser un peuple entier, inaugurer une situation
nouvelle, traverser des crises intérieures et extérieures, remuer les
problèmes les plus difficiles et les plus redoutables, toucher aux
fondements de la société, il suffirait, suivant nos grands philo-
sophes et nos profonds politiques de quatre ans, trois ans, six mois
peut-être ! Prenons le terme le plus long : tous les quatre ans, le
gouvernement serait renouvelé, et le serait avant d'avoir pu réali-
ser sa pensée, avant d'en avoir appliqué une partie considérable,
et par la persévérance de ses actes et l'importance des résultats
exercé une influence décisive sur l'esprit public ! Celui qui lui
succéderait se composerait d'hommes différents, par conséquent
d'esprits, de caractères, d'intérêts opposés, et que l'amour-propre
seul empêcherait d'imiter leurs prédécesseurs. Tous les quatre ans
la politique intérieure et extérieure de la France changerait ou
pourrait changer.

La mobilité française, cause de tant de révolutions stériles, est déjà un péril ; la mobilité démocratique, principe de ruine pour tant de républiques, un autre. La disparition des corps intermédiaires, des traditions de tout genre ouvre et facilite les voies. Il faudrait se hâter de faire ce qu'ont fait tous les législateurs, de corriger par les lois les défauts du caractère national, de fortifier le côté faible des démocraties. Au contraire, ce n'est pas assez de la mobilité dans les mœurs, de la mobilité dans les opinions, on y veut joindre la mobilité des institutions ; on veut placer l'instabilité, où ? dans le pouvoir même. Qu'on réussisse, et le premier résultat sera de détruire le respect, non, car le respect n'existe plus, mais la crainte de l'autorité chez les peuples habitués à un pouvoir perpétuel, et qui n'auront à la place que des chefs éphémères, se succédant comme des ombres. Un second sera de précipiter les uns sur les autres avec une rapidité effrayante les essais, les mesures, les systèmes, pour agiter tout sur leur passage, et sans leur laisser que le temps de détruire. Un troisième, de troubler les convictions par ces vicissitudes d'idées, d'en ruiner le principe déjà ébranlé dans les consciences par tant de changements contraires, et de faire de la nation entière une masse flottante et sceptique avec laquelle on ne pourra rien fonder, car la foi est le lien de cohésion des esprits, le ciment des édifices politiques. Et, au bout de toutes ces successions et de ces ruines, la société, maintenue dans un ébranlement perpétuel, à qui on aura peu à peu arraché, sans les remplacer, tous ses appuis et toutes ses forces, désorganisée, démantelée, verra tout à coup, au lieu de la nouvelle organisation qu'elle croyait établir, une révolution nouvelle.

Je ne demande point cependant la perpétuité, qu'on se rassure ; je ne veux point insérer la monarchie dans un article de constitution républicaine. Quand un plan a été poursuivi pendant un certain nombre d'années, qu'il est réalisé en grande partie, il est classé dans l'opinion publique, il a rallié des adhérents, formé des convictions, engendré des habitudes, produit des conséquences, et créé des intérêts qui le défendront sous le gouvernement futur. Celui-ci sera souvent gagné lui-même, ou au moins s'arrêtera devant de nombreux précédents qui engagent l'État, ou devant l'opinion générale, et continuera une pensée qu'il eût changée s'il eût été libre. Le choix d'un chiffre est sans doute difficile, parce qu'il est plus ou moins arbitraire. Néanmoins, dix ans sont évidemment une durée trop longue pour la liberté et la démocratie; mais sept ans, quel danger auraient-ils joints à des attributions limitées, et sous les feux de la presse, de la tribune et des associations, chez un peuple qui a renversé quatre fois en un demi-siècle des pouvoirs héréditaires ! Si sept années suffisaient au pouvoir pour détruire la république c'est qu'il aurait la nation pour complice. On pourrait sans doute alléguer les mêmes raisons pour les chiffres que nous avons rejetés; mais seraient-elles encore justes? Trois ans de plus ou de moins, deux ans même font une différence importante ; et si sept ans suffisent, tout ce qu'on ajoute est inutile et dangereux. Or, ils suffisent; qu'on suive pendant sept ans une politique extérieure, et il y aura au terme assez d'actes accomplis pour engager le pays et le gouvernement, à moins que des événements majeurs ne viennent tout changer. Qu'on suive pendant sept ans une politique intérieure, ce sera assez pour la faire apprécier, approuver ou rejeter, pour commencer une tradition politique. Les États-Unis se sont contentés de cinq ans; et ceux qui trouvent ce chiffre trop élevé n'ont pas la ressource de l'attribuer comme d'autres institutions américaines à l'imitation anglaise : quel rapport entre une présidence de cinq ans et une royauté perpétuelle? Et ceux qui le trouvent trop faible ont à donner une raison péremptoire : c'est que, si cinq ans sont assez pour une société assise et régulière, pour un peuple qui a des croyances religieuses, des traditions politiques, des mœurs, un caractère calme et persévérant, sept ans ne sont pas trop après soixante ans de révolutions, et pour l'incrédulité, la légèreté de mœurs, l'impétuosité et la mobilité française.

VI.

VICE-PRÉSIDENT.

La puissance du président ne le garantira pas de la mort et des infirmités humaines ; il importe de le prévoir, afin que la société n'en souffre pas. Qu'un accident le frappe, et si une main n'est pas là aussitôt pour prendre les rênes, l'anarchie commence. Qu'on soit obligé seulement de passer par un régime provisoire, d'attendre des élections nouvelles, et d'y procéder sous une autorité sans force parce qu'elle sera sans durée, et voilà un triple péril. L'un de multiplier les émotions électorales dans un pays qui a déjà à élire son président, l'assemblée législative, les maires et les conseils de département, d'arrondissement et de commune, les chambres et tribunaux de commerce, les conseils d'industrie et d'agriculture, les tribunaux de prud'hommes, peut-être le conseil d'État, et, on le propose, la magistrature elle-même. Et encore les élections nouvelles, dont on le chargerait, ne seraient pas les élections insignifiantes ou secondaires d'un maire, d'un conseil général ou d'un représentant isolé ; mais les plus grandes et, par conséquent, les plus agitées qu'on puisse faire, celle du chef du pouvoir exécutif, du directeur de la république. Un autre péril de créer des émotions inattendues, de provoquer les passions au moment où elles dorment pour les faire lever avec tout le tumulte et le désordre d'un brusque réveil, de forcer les partis à une conduite violente parce qu'ils n'auront pas le loisir d'en suivre une pacifique et régulière, et le fleuve populaire, qui ne trouve plus son lit creusé devant lui, à se faire passage en soulevant ses vagues et déchirant ses rives. Le troisième, de porter au pouvoir un candidat nouveau, un caractère, une opinion, des intérêts nouveaux, en un mot, de changer à l'improviste tout le système politique.

Un vice-président, élu d'avance par le suffrage universel, parerait aux premiers périls, mais non aux derniers; il n'y aurait point d'élections nouvelles, mais la pensée politique changerait. Quand une nation élit un homme, c'est sans doute parce qu'il représente ses idées; mais les idées politiques d'une nation sont des idées tranchées et sommaires, une nation est conservatrice ou révolutionnaire, républicaine ou monarchique, modérée ou exaltée, elle ne comprend pas les divisions secondaires, les nuances, elle n'en tient pas compte. Sous Louis-Philippe, elle ne connaissait que quatre partis : les légitimistes, les conservateurs, la gauche dynastique et les radicaux, souvent même elle confondait les deux derniers. Elle élirait donc le président et le vice-président dans une catégorie qu'elle croirait la même, et ils seraient séparés par des dissidences importantes, en sorte qu'en passant du premier au second, on passerait d'un système à un autre. Une nation se trouve ensuite dans l'heureuse nécessité de choisir des noms célèbres et considérables, parce que les autres n'arrivent pas jusqu'à elles, et les noms célèbres sont rares. Les partis en ont un à peine, les divisions secondaires n'en ont souvent point, et ne possèdent à la place que ces célébrités douteuses, connues seulement des coteries qui les ont mises au monde et des journaux qui ont protégé leur croissance. Le choix national tomberait donc presque infailliblement sur un président et un vice-président d'opinions différentes qu'il croirait semblables. Le choix national tomberait aussi sur de grandes renommées étrangères à la politique, et dont l'opinion véritable ne serait pas connue, comme Bonaparte créé par la guerre, et le général Cavaignac par une crise, et qui finiraient peut-être par se trouver non-seulement différents de leur prédécesseur, mais contraires. Parfois, enfin, une majorité ne pouvant se former que par l'union de partis divers, ceux-ci se partageraient le pouvoir :

l'un prendrait la présidence, l'autre la vice-présidence ; l'un le présent, l'autre l'avenir : Nouvelle chance de changement politique.

Remettra-t-on l'élection à l'assemblée législative ? Cette dernière éventualité serait bien plus probable encore dans une assemblée que dans la nation. Dans une assemblée, les nuances sont multipliées, les majorités sont presque toujours factices, et ne se forment ou ne se soutiennent que par des compromis. Il y aurait de plus, contre ce mode d'élection du vice-président, toutes les objections qui nous l'ont fait rejeter pour le président même.

Laissé au contraire au président, le choix est remis à celui qui est le plus intéressé à la continuation de la politique actuelle, puisqu'elle est la sienne, à celui qui est le plus à portée de connaître ses propres amis et ses propres ennemis, ou plutôt ceux de sa pensée, parce qu'il sait mieux que personne qui, dans les diverses conjonctures politiques qu'il a traversées, a été à côté de lui, ou a été contre lui, qui l'a abandonné sur tel point, ou qui l'a suivi jusqu'au bout. La seule objection qu'on puisse faire, est la violation apparente du principe de la souveraineté nationale : pour déléguer le pouvoir, il faut être souverain, et le président ne l'est pas. Mais il en est des idées absolues comme des lignes mathématiques, qui n'existent pas dans la nature ; la lettre d'ailleurs est seule blessée, l'esprit ne l'est pas, si le vice-président, comme on l'entend généralement, n'est qu'un suppléant exerçant, jusqu'à leur expiration, les pouvoirs du président, et non un successeur avec des pouvoirs entiers et nouveaux. Qu'aura voulu la loi, en effet, en maintenant le président cinq, six, sept ans au pouvoir ? Que la direction politique, que le système du gouvernement ne changeât que tous les cinq, six ou sept ans, ce n'est pas un homme qu'elle aura eu en vue, qu'est-ce qu'un homme ? mais une pensée politique. Quand donc on donne au président le droit de nommer son héritier éventuel, on ne fait qu'assurer le remplacement de l'instrument qui se brise par un instrument pareil, pour que le système commencé avec le premier puisse continuer avec le second, atteindre le terme qui lui a été fixé, et que l'intention de la loi qui le lui a fixé soit remplie. Il ne faut pas considérer le personnage nouveau qui prend place au siége laissé vide ; il est évident que, s'il suit la ligne de son prédécesseur, il n'y a de changé qu'une signature dans le *Moniteur*. La souveraineté nationale n'est point violée, il n'y a point en réalité de délégation nouvelle ; c'est à une idée qu'elle a confié le pouvoir exécutif, et cette idée dirige encore.

VII.

RÉELECTION DU PRÉSIDENT.

Sept ans de durée suffisent à l'épreuve et à la fondation d'un système politique, à la stabilité du pouvoir; mais d'autres nécessités impérieuses et subites parfois en réclameront une plus longue; des conjonctures extraordinaires appellent des hommes extraordinaires, et pour sauver la République d'une défaite au dehors, d'une banqueroute au dedans, ou d'une révolution, cette expérience consommée, cet esprit universel, cette activité de feu, cette volonté de fer seront peut-être nécessaires. Les génies ne pullullent pas plus dans la politique que dans les autres sphères; à peine on compte un par siècle, et c'est à leur absence presque complète que nous devons tant d'essais stériles et tant de ruines. Parce que l'homme nécessaire aura déjà passé par la présidence, la nation sera-t-elle réduite à éprouver d'affreuses catastrophes, ou même à périr? La réélection du président est indispensable, non-seulement à l'ordre, mais au salut de l'État, et, en même temps, c'est toujours un germe de stabilité de plus introduit dans une constitution démocratique et semé sur la terre française.

Seulement, il reste un autre côté de la question; la nécessité est beaucoup, mais la liberté est quelque chose, et quatorze ans d'autorité consécutive seraient certainement un péril pour elle : en quatorze ans, la France, si accessible aux impressions, si facile à prendre les plis nouveaux, la France prendrait l'habitude de l'obéissance, sauf à se lasser plus tard , et à faire une révolution nouvelle. Il n'est qu'un moyen de parer au danger , c'est de séparer la réélection par un intervalle qui interromprait la puissance d'un côté, l'obéissance de l'autre. L'intervalle d'une seule présidence serait assez sans doute pour briser toutes les traditions, mais il y aurait à craindre que le président ancien n'eût assez d'influence pour faire tomber le choix national sur une de ses créatures, et que sa domination ne continuât sous le nom d'un autre. L'intervalle de deux présidences n'aurait plus cet inconvénient ; l'influence de l'ancien président, déjà diminuée à la première présidence, car on n'a jamais le même pouvoir sous le nom d'autrui, que sous le sien propre, diminuerait encore à la seconde. Quelque événement nouveau viendrait sans doute changer le cours des opinions et affaiblir son influence, et sur deux présidents, on aurait plus de probabilité d'avoir une intelligence et une volonté. Les circonstances extraordinaires ne sont pas d'ailleurs tellement multipliées, que la réélection du président soit à chaque instant nécessaire, et ce moyen terme conciliera les exigences de la liberté et celles du salut public.

VIII.

CONCLUSION.

Le pouvoir exécutif chargé de l'application des lois, de l'administration générale, de la sûreté intérieure et extérieure de l'État, maître de la force publique, des fonctionnaires, du budget, a la puissance. Tout ce qui est exécution, tout ce qui est action, lui est dévolu sans partage ; il a l'indépendance. Avec une durée de sept ans et le choix du vice-président, il a la stabilité : or, un pouvoir qui a la puissance, l'indépendance et la stabilité, est un pouvoir fort. Mais l'indépendance n'est pas la domination ; si le pouvoir exécutif a dans sa sphère tout ce qui est acte et détail, le pouvoir législatif a tout ce qui est loi et règle, les domaines sont nettement séparés, et l'indépendance est réciproque. Mais la puissance n'est pas l'oppression ; le pouvoir exécutif ne peut ni abolir, ni suspendre la loi, ni diriger, ni entraver le pouvoir législatif. La stabilité n'est pas la perpétuité, et laisse la voie ouverte aux mutations d'hommes, aux diversités de pensées, aux renouvellements de politique, aux progrès de l'esprit public. Enfin, cette absence de perpétuité, en même temps que celle de tout prestige héréditaire ôte au président toute puissance propre, tout appui personnel : dans les limites de ses attributions, la loi et la nation le soutiennent, il est fort ; dès qu'il en sort, elles l'abandonnent, il se trouve réduit à lui-même, il est faible.

Si, nonobstant, il tentait d'en sortir, ses tentatives, même malheureuses, troublant l'ordre, appelleraient la répression, et c'est ici que vient se placer la responsabilité, garantie nécessaire de la liberté et des lois. A ce sujet, aucune contestation ; il ne peut s'en ouvrir que pour le choix et la gradation des peines qui doivent être proportionnées au délit pour être justes, et sévères pour être efficaces. Je ne discuterai toutefois ni une question ni l'autre, je négligerai également celles du tribunal qui jugera, parce qu'elles se rapportent plutôt à l'organisation judiciaire et législative qu'à la constitution du pouvoir exécutif.

Du reste, erreur de croire que celui-ci soit enfermé dans ses attributions légales, qu'il n'ait en dehors d'elles aucune action, aucune influence.

La direction des finances, de la guerre, de la diplomatie, de tous les services publics, implique non-seulement une pensée arrêtée sur chacun d'eux, mais une pensée d'ensemble qui lie tous les efforts, qui coordonne tous les actes et pousse toutes les forces sociales vers un but commun. Il est visible que, par l'exercice même de ses fonctions et sans empiétement, le pouvoir exécutif aura une immense influence et sur l'esprit public et sur le pouvoir législatif qui le représente ; et, s'il n'en avait pas, ce serait preuve ou qu'il gouverne sans pensée, ou que sa pensée n'inspire aucune confiance. Seulement, c'est une influence toute morale, et dont la logique et la nature des choses sont seules coupables ; c'est une influence salutaire, parce qu'elle a de l'unité et de la suite, tandis que l'influence législative est diverse et flottante ; sans danger, parce que l'esprit public la contrôle, et que le pouvoir législatif la contrôle aussi, et y oppose la sienne. Le pouvoir législatif n'est pas plus emprisonné que l'autre dans le texte des constitutions ; il a aussi une immense influence par l'esprit de ses lois et par celui de ses discussions. Pouvoir exécutif et pouvoir législatif sont les deux moteurs de la machine, les deux organes de la nation ; égaux dans leur source, divers dans leur but et leurs fonctions, tous deux puissants par leurs attributs, ils sont indépendants sans être isolés. On les sépare pour diviser la puissance et pour assurer à des sphères diverses des régulateurs divers comme elles ; mais, séparés dans la loi, ils se retrouvent dans la réalité pour se contrebalancer et se contenir, et aussi pour se pénétrer et s'unir; ils forment, par leur séparation, la garantie de la liberté et d'une action régulière, et par leur union l'unité et le mouvement de la pensée publique et de la vie nationale.

Paris.—PAUL DUPONT.